Unia Genosis

Covid

Unia Genosis

Covid

das große Husten

Goldene Rakete Verlag für Belletristik

Imprint

Cover image: www.ingimage.com

Publisher:
Goldene Rakete Verlag für Belletristik
is a trademark of
International Book Market Service Ltd., member of OmniScriptum Publishing Group
17 Meldrum Street, Beau Bassin 71504, Mauritius
Printed at: see last page
ISBN: 978-620-0-51900-9

Inhaltsverzeichnis:

I. **Explizit:**

....willst Du

dass ich

Donnerstag komme?

KUCHEN

EXPLIZIT

?

II. Hammer:

.....das ist zu teuer?

My Hammer!

Ich

III. Damals:

...

WE

Damals

IV. **Liebe:**

ich

liebe

Dich

und so

wird es

immer bleiben

#ich

V. Geschrieben:

.....Du

hast das

geschrieben!

#ich

VI. **Gesehen:**

.......ich

habe nix

gesehen!

#ich

VII. Wann:

.....wann

willst Du

mich sehen?

Ich

VIII. <u>Erst:</u>

.....gut.

Leider

erst.

#ich

IX. **Maske:**

.....die Maske

....davon hast Du

4 Stück

X. **Tragen:**

.....

musst Du

auffalten

......

trägt man

so!

XI. **Morgen:**

.....

heute (ist)

morgen

XII. Gestern:

.....

(schon)

gestern

XIII. <u>Kirsche:</u>

.....

Kirsche

?

XIV. Anders:

.....

na,

da plane

ich

Freitag

anders ein.

Soll ich

morgen

kommen?

Ich

XV. **Propaganda:**

Pro

Pa-g-

An-da

https://

www.

you

tube.

com/

watch

XVI. <u>Echt:</u>

…..

echt

?

XVII. Dürfen:

....warum

durfte

ich

heute

nicht

kommen?

XVIII. <u>Wirr:</u>

….sie

redet

wirr:

Soll ich

morgen

kommen?

---

keine

Antwort

Ich

XIX. **Sollen:**

Sonntag

schrieb

ich:

soll ich

morgen

kommen?

Montag

schrieb

ich:

Soll ich

Dienstag

kommen?

-----

keine

Antwort

ich

XX. **Dienstag:**

......

was,

ist

mit

Dienstag?

#ich

XXI. <u>Vögel:</u>

.....

So,

ihr

Vögel

aus

Berlin

....

Jetzt

ist

Schluss

mit

lustig.

Der

Artikel

darf

gerne

geteilt

werden.

XXII. Kosmos:

.....

das

ist

nicht

das

Problem

dass

ich

Dich finde.

Du

findest

mich nicht.

Weil

Du

nur

in Deinem

Kosmos

bist.

#ich

XXIII. Impfstoffe:

Kill Bill

und

Covid:

RNA-

Impf-

Stoffe

als

globale

Bedrohung

-

You

Tube

XXIV. Brauchen:

....

bräuchte

ich

gar

nicht

schreiben,

war

schon

da

ich

XXV. **Wodka:**

Hallo

Du,

....

habe

jetzt

3x Wodka.

Weiß nicht

ob ich

15:00

klar und

fahrtüchtig

bin.

Habe

Leckeres

vorbereitet.

Gehe jetzt

zu den

Bildern.

ich

XXVI.Planänderung:

.....

Plan-

Änderung

Auch ich

hatte

einen Plan.

Einen

Lebens-

Plan

Darin kam

eine Familie

mit 3 Kindern

und eine

liebevolle Frau

vor

Vereinbarung

nix wert

ich

XXVII. Champagner:

....

hallo

Du,

mache

jetzt

meinen

4-

Brücken-

Lauf,

schade,

dass du

mich

gestern nicht

noch rein

gelassen hast,

so musste ich

den Champagner

alleine trinken,

ruf

mal

an,

ich lass

das Handy

jetzt laut,

meld

dich

mal

XXVIII. Schrift:

.....

Hallo

Du

kann das

nicht

lesen!

Bitte

übersetzen

Ich

XXIX. Vergessen:

....

Kappe

vergessen

XXX. Geburtstag:

……

Hallo

Du,

Ich war morgens

ziemlich pünktlich

da: 9:05 Uhr.

Lecker Brötchen

und frischen Aufschnitt.

Keine Gratulation.

Beim Frühstück

textest Du

mich zu.

Nach dem Frühstück

las ich den Kindern vor:

Froschkönig.

Du hattest

keine Zeit

für mich,

maltest

was

für Dich.

Wolltest

allein

sein.

Abends brachte ich

ziemlich pünktlich

die Kinder heim: 18:07 Uhr:

Stand

vor der Tür.

Warte.

Ob Du

etwas

sagst?

Wie:

"Du hattest

eine lange Fahrt,

komm

doch

herein,

ich mache

für Dich

einen Kaffee,

oder möchtest

Du Lieber

ein Wasser?

Später können

wir dann gemeinsam

die Kinder zu Bett bringen.

Sehen

was dann noch geht".

Nichts.

Ich hätte gern

den Abend

mit Dir verbracht.

Ein wenig

gefeiert.

So isses.

So musste ich

mit meinem Champagner

abziehen.

Nach Hause.

Habe das Zeug

dann allein getrunken.

Das erste Mal

im Leben.

Geburtstag allein.

Du gingst

nicht einmal mehr

ans Telefon.

Ging mir

nicht

gut.

Du erinnerst Dich

an Deinen

Geburtstag?

Ich hatte

mir frei

genommen,

um mit Dir

Deinen Ehrentag,

Deinen Geburtstag,

das Leben

und die Liebe

zu feiern.

Gestern versuchte

ich zigmal

Dich anzurufen.

Bat um Rückruf.

---keine Antwort.

Kein Rückruf.

Meine Mails

werden nicht

von Dir beantwortet.

Stattdessen erfahre ich,

dass Deine Heizung

auf kleiner Flamme brennt.

Du möchtest

diese nonverbale

Kommunikation?

Gut.

Werde nicht mehr

anrufen oder schreiben.

Ich

XXXI.Automat:

.....

Hallo,

ich bin´s,

bestimmt

10 Mal

angerufen,

du rufst

nicht

zurück,

dann ruf ich

jetzt auch

nicht mehr an,

ewig auf den

Automaten

quatschen,

du hast

da kein

Interesse dran,

ich ruf dann auch

nicht mehr an.

Tschüß.

XXXII. <u>Blumenstrauß:</u>

….der

gelbe

Blumenstrauß

war

für

mich?

…nicht

erkennbar.

ich

XXXIII. Wollen:

....willst

Du

mich?

ich

XXXIV. Da:

....ich

war

da

Ich

XXXV. **Profit:**

....

ist

ok

...die Kinder

werden

profitieren

Ich

XXXVI. Crash:

…..

crash

corona

XXXVII. **Umgang:**

Hallo Du,

10:00

- 18:00

Gemeinsames

Frühstück

9:00 ?

ich

XXXVIII. <u>Wieder:</u>

.....

wieder

da

gestern

genau

hier

XXXIX. **Walking:**

……

Samstag

walking

XL. **Sterben:**

Liebe

…. lässt Du

sterben?

XLI. Können:

Ja

Da frag

ich mich

Was ist das?

Wie kann das sein.

ich

XLII. Geliebt:

jetzt

Hallo

Du

Danke

für die

Bilder

Danke

für die

Nähe.

überlege

was kommt,

was war,

was kommen wird

Ich habe Dich

geliebt

XLIII. Impfen:

Impfen

https://

www.

youtube.

com/

watch

XLIV. **Klage:**

so

....

sorry

Du

verklagst

mich

ich

XLV. Königreich:

….was ist das

für ne Scheiße

mit “Königreich”?

ich

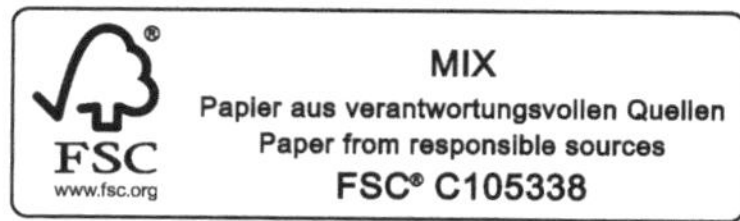

Printed by Books on Demand GmbH, Norderstedt / Germany